Klaus Kremer

Nikolaus von Kues
(1401–1464)

Klaus Kremer

Nikolaus von Kues
(1401–1464)

Einer der größten Deutschen
des 15. Jahrhunderts

Paulinus

Die Deutsche Bibliothek – CIP-Einheitsaufnahme

Kremer, Klaus:
Nikolaus von Kues : (1401 – 1464) ; einer der größten
Deutschen des 15. Jahrhunderts / Klaus Kremer.
– 2. Aufl.. – Trier : Paulinus, 2002

ISBN 3-7902-0083-2

© Paulinus Verlag GmbH, Trier
2. Auflage 2002
Gesamtherstellung: repa druck gmbh, Saarbrücken
ISBN 3-7902-0083-2

Inhalt

Zum Geleit

Unter den jüngeren Gesamtdarstellungen des Nikolaus von Kues will die vorliegende Schrift einen Mittelweg zwischen der nach wie vor unüberholten Cusanus-Biographie von Erich Meuthen (7. Auflage Münster 1992, 144 S.) und dessen nicht minder eindrucksvollen Darbietung des Nikolaus von Kues in der Reihe der »Trierer Cusanus Lecture« (Heft 1, Trier 1994, 24 S.) beschreiten. Ihr Umfang hält sich daher in Grenzen. Eine kurze autobiographische Einleitung des Nikolaus von Kues führt zu einem in acht Abschnitte gegliederten Haupttext. Dazu kommen veranschaulichende Bilder, erläuternde Texte und bedeutsame Aussagen, sowohl zustimmender als auch widersprechender Natur, von berühmten zeitgenössischen und heutigen Denkern. Auf diese Weise soll dem Leser ein erster, leicht faßlicher Zugang zu Nikolaus von Kues eröffnet werden. Darum wurde auch auf einen Anmerkungsapparat verzichtet.

Der vorliegende Text war im wesentlichen zunächst konzipiert für das Vorhaben des

Verlages »Bibliographisches Institut & F. A. Brockhaus AG«, ein 400 Biographien umfassendes und auf sechs Bände angelegtes Werk unter dem Gesamttitel »Die Großen der Welt« herauszubringen. Laut Mitteilung vom Januar 1998 konnte der Verlag den Plan leider nicht realisieren.

Das Interesse an Nikolaus von Kues, diesem originalen und universalen Denker in der ersten Hälfte des 15. Jahrhunderts, wächst weltweit, und zwar nicht nur unter den Wissenschaftlern. Die nach strengen wissenschaftlichen Maßstäben durchgeführten internationalen Cusanus-Symposien, mittlerweile 13 an der Zahl und alle veröffentlicht in der Reihe »Mitteilungen und Forschungsbeiträge der Cusanus-Gesellschaft«, ziehen über den Kern der im Bereich der Cusanus-Forschung Tätigen hinaus einen ständig sich erweiternden Kreis eines breiteren, akademisch recht unterschiedlich gebildeten Publikums an. Diese Damen und Herren möchten auf keinen Fall einen Cusanus zu Discountpreisen angeboten bekommen, was sie gerade durch ihren betonten Wunsch, an den genannten Cusanus-Symposien teilnehmen zu dürfen, zum Ausdruck bringen. Sie spüren aber, daß, unbeschadet moderner Forschungskriterien, Nikolaus von Kues so schreibt und lehrt, daß auch der fachlich nicht Vorgebildete, aber geistig Interessierte ihn verstehen und viel von ihm lernen kann. Sie können ja auf den sicherlich nicht zufälligen Befund hinweisen, daß Nikolaus von Kues in den zahlreichen, in Dialogform abgefaßten Schriften einem Laien (Idiota) seine wichtigsten Lehren in den Mund legt. An diesen Adressatenkreis eines nicht zuletzt durch das Angebot heutiger Medien angestachelten bildungshungrigen Bürgertums wendet sich diese Schrift.

Diese kleine Schrift über Leben und Wirken des Nikolaus von Kues will über sich selbst hinausweisen, den Leser neugierig machen und ihn ermutigen, nach dem einen oder anderen cusanischen Werk zu greifen.

Zu guter Letzt komme ich der Erfüllung einer mehrfachen Dankespflicht gerne nach: gegenüber meinem Freund Arnd Morkel, dem Politikwissenschaftler und langjährigen Präsidenten der Universität Trier, gegenüber Judith Hoffmann vom Cusanus-Institut und gegenüber Herrn Dr. Harald Baulig, dem Leiter des Paulinus Verlages in Trier. Arnd Morkel hat den Text durchgesehen und mir manch nützlichen Hinweis gegeben. Frau Hoffmann hat den Text geschrieben und sich durch die wiederholten Korrekturen die Arbeit nicht verdrießen lassen. In Herrn Baulig kam mir ein Verlagsleiter entgegen, der mein Ansinnen sehr wohlwollend geprüft und Satz- wie Druckerstellung mit viel Sachverstand gefördert hat.

Trier, Ostern 1999

Kopf des Cusanus: Grabmal in der Titelkirche S. Pietro in Vincoli zu Rom (s. Grabmal S. 74).

Autobiographische Notiz

Am 21. Oktober 1449 verfaßte Nikolaus von Kues eine kurze Autobiographie, die mit folgenden Worten beginnt:

»Ein Mann namens Johan Cryfftz, der Schiffer war, zeugte aus der Katharina, Tochter des Hermann Roemer, ... in Kues, Trierer Diözese, den Herrn Nikolaus von Kues. Kaum 22 Jahre alt wurde er Doktor, nämlich im Kirchenrecht, zu Padua. Im 37. Lebensjahr wurde er durch Papst Eugen IV. nach Konstantinopel gesandt und brachte den Kaiser der Griechen sowie den Patriarchen mit 28 Erzbischöfen der Ostkirche zum Konzil von Florenz, die dort den Glauben der Heiligen Römischen Kirche annahmen«. Gegen Ende schreibt er: »Damit nun alle wissen, daß die Heilige Römische Kirche nicht auf Ort oder Art der Herkunft sieht, sondern eine äußerst großzügige Vergelterin der Tugenden ist, darum hat der Kardinal diese (seine) Geschichte zum Lobe Gottes niederschreiben lassen«.

Wer ist dieser Nikolaus von Kues, der, gerade erst 22 Jahre alt geworden, schon den Doktor des kanonischen Rechtes besitzt,

im 37. Lebensjahr die griechisch-orthodo-
xe Gesandtschaft zum Unionskonzil nach
Ferrara-Florenz führt und im Konklave
1447, aus dem der Parentucelli-Papst als
Sieger hervorging, vorübergehend auch
Stimmen auf sich vereinigen konnte?

Ein genialer und universaler Geist

Nikolaus von Kues firmiert 1416 bei der Immatrikulation in Heidelberg als »Trierer Kleriker«, die italienischen Humanisten nennen ihn Nicolaus Treverensis, und der mit ihm befreundete, spätere Papst Pius II. nennt ihn 1440 zum erstenmal Nicolaus Cusanus. Er selbst gebraucht 1430 zum letztenmal seinen Familiennamen: Nicolaus Cancer, zu deutsch Krebs, moselfränkisch Cryfftz, Krieffts oder Kreves.

Man wird ihm kaum gerecht, wenn man ihn vorwiegend als Inaugurator der modernen

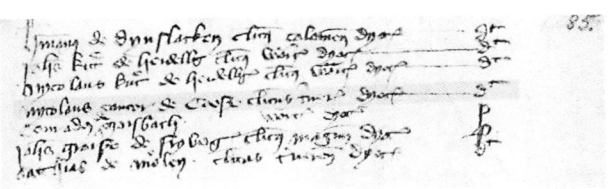

Matrikel der Heidelberger Universität mit dem an 59. Stelle im Rekto-ratsjahr 1415/16 eingeschriebenen Studenten Nycolaus Cancer de Coeße cler(icus) Trever(ensis) dyoc(esis). Die Eintragung befindet sich in der 4. Zeile von oben.

Philosophie, als Mystiker, als Nominalist oder als Denker der Koinzidenz der Gegensätze bezeichnet. Das alles, gerade letzteres, trifft auf ihn zu. Entscheidend ist jedoch die Universalität, die Originalität und die spekulative Kraft seines Geistes. Auf Nikolaus von Kues geht zum Beispiel eine der ersten geographischen Karten Mitteleuropas zurück. In der Naturwissenschaft vollzieht er den Übergang von der Untersuchung qualitativer Beschaffenheit zur wägenden Messung quantitativer Größen, wendet dieses Verfahren auch für die Medizin an und legt dem Basler Konzil 1436 eine Abhandlung zur Kalenderreform vor. Seine kühnen kosmologischen Überlegungen sichern ihm einen Platz in der Astronomie. Seine juristischen Quellenstudien, etwa die Aufdeckung der Unecht-

heit der sogenannten Konstantinischen Schenkung wie der Fälschung der pseudo-isidorischen Dekretalen, machen ihn zum ersten Rechtshistoriker, und seine scharfsinnigen mathematischen Spekulationen über eine Methode des Grenzüber-

Enea Silvio Piccolomini (Papst Pius II., 1458–64), langjähriger hu-
manistischer Freund des Nikolaus von Kues, bezeichnet ihn als »einen
in jeder Gattung der Wissenschaften geübten Menschen«. Später,
1456 und 1457, mitten in den Brixener Wirren, ruft er ihn auf, seine
Kraft nicht »in Schnee und dunklen Tälern« zu vergeuden, sondern
seinen Rat in Rom der gesamten Kirche zuteil werden zu lassen.

gangs weisen ihn als »den einzigen genialen Kopf« unter den deutschen und italienischen Mathematikern aus (Moritz Cantor). Für das einfache Volk läßt er den ersten Wandkatechismus anfertigen. Dazu kommen die Philosophie und die Theologie, die in gegenseitiger Durchdringung das Zentrum seines Denkens ausmachen. Alles das leistet ein Mann, der zugleich als Kirchenreformer, Kirchenpolitiker und Fürstbischof im Bistum Brixen (1450–60) fest in das Geschehen seiner Zeit eingebunden ist. Diese Zeit ist bestimmt durch eine Schwächung des deutschen Kaisertums (Sigismund, Albrecht II., Friedrich III.), die drohende Türkengefahr, die Hussiten-

Kardinalswappen des Nikolaus von Kues im St. Nikolaus-Hospital zu Kues. Der Krebs ist Wappenzeichen der Familie.

kriege und den englisch-französischen Krieg (1339–1453), in dem Cusanus gemäß päpstlichem Auftrag zweimal zu vermitteln suchte. Trotz des Aufblühens des Huma-

---

Bibliothek des Nikolaus von Kues im St. Nikolaus-Armenhospital zu Kues. Gemäß Testament vom 15. 6. 1461 und 6. 8. 1464 sollten hier seine von ihm mit zahlreichen Notizen versehenen und z. T. außerordentlich kostbaren Handschriften für immer aufgestellt werden. Die Bibliothek enthält heute 314 dieser Handschriften und 84 Wiegendrucke, davon einen aus dem Besitz des Nikolaus von Kues.

nismus sind die im 15. Jahrhundert zutage tretenden Verfallserscheinungen nicht zu übersehen. Unaufhörliche Fehden richten große Verwüstungen an, führen zu wirtschaftlichem Niedergang und großer Unsicherheit des Lebens.

Dem Konstanzer Konzil (1414–18) gelingt zwar die Beendigung des Schismas und die Wiederherstellung der kirchlichen Einheit, das Konzil von Basel (1431–49) versucht eine Reform der Kirche an Haupt und Gliedern, aber nach hoffnungsvollen Anfängen bilden sich schließlich drei Parteien heraus. Cusanus »sah die Gefahren für Reich und Kirche, er sah die Mißstände im religiösen und politischen Leben und stemmte sich gegen den Strom des Niedergangs, wo immer er konnte. Er wußte aber auch um die noch vorhandenen starken sittlichen und religiösen Kräfte« (Josef Koch).

Sein Werdegang

Nikolaus von Kues ist 1401 geboren. Von 1416–17 studiert er in Heidelberg die »Sieben freien Künste«, begibt sich dann nach Padua, das er 1423 als Doktor des kanonischen Rechtes verläßt, um dann ab 1425 in Köln gleichzeitig Recht zu lehren und Theologie bei dem Albertisten Heymericus de Campo zu hören. Der Streit um die Bischofsnachfolge in Trier führt ihn Anfang 1432 auf das Konzil nach Basel, wo er den Anspruch des Grafen Ulrich von Manderscheid auf den Bischofsstuhl verteidigt. Dieser war bei der Wahl des Domkapitels unterlegen. Nikolaus von Kues wird sogleich dem Konzilsausschuß für Glaubensfragen zugeteilt, wechselt aber um die Jahre 1436/37 von der Mehrheitspartei der Konziliaristen zur päpstlichen Minderheitspartei und wird im Herbst desselben Jahres Delegationsmitglied der Konstantinopel-Mission. Auf der

»Was alle betrifft, muß von allen gebilligt werden«, diesen Rechtsgrundsatz nimmt Cusanus u. a. aus seiner Paduaner Studienzeit mit. 1417 war der wegen seiner Konsenslehre berühmte Kanonist Francesco Zabarella gestorben.

Rückreise Anfang 1438 werden ihm angesichts der Weite des Meeres »als ein Geschenk des Himmels vom Vater der Lichter« die Grundeinsichten der »Belehrten Unwissenheit« (Docta ignorantia) und des »Ineinsfalls der Widersprüche« (Coincidentia contradictoriorum) zuteil, wohl weniger eine mystische Erleuchtung als vielmehr ein Geistesblitz nach langer vorausgehender Arbeit (vgl. Platons 7. Brief und Descartes' Discours). Zwischen 1436 und 1440 empfängt er die Priesterweihe. Von 1438–47 ist Nikolaus von Kues im Auftrag Papst Eugens IV. unterwegs in deutschen Landen, spricht auf Reichstagen, zum Beispiel in Nürnberg, Frankfurt, Aschaffenburg u. a., um die deutsche Neutralität aufzubrechen und die Reichsfürsten zur Anerkennung Eugens IV. als rechtmäßigen Papst zu bewegen. Als »des Papstes Herkules wider die Deutschen« setzte ihn noch der reformatorische Eiferer Johannes

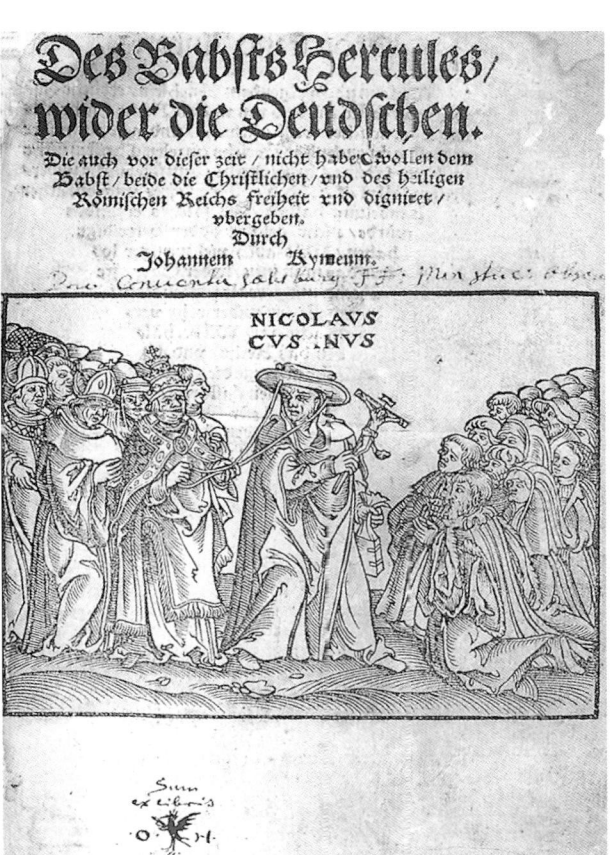

Spottbild des Johannes Kymeus († 1552): Der Papst führt den Kardinal am Gängelband des roten Hutes in Richtung auf die Deutschen.

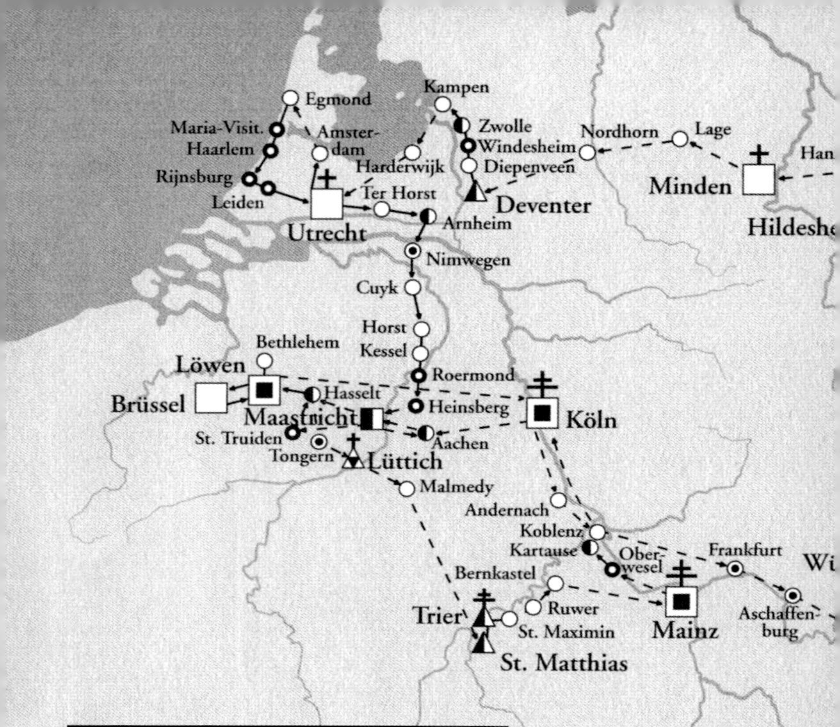

Die Karte zeigt den Umfang der Legationsreise 1451/52. Entnommen Acta Cusana
3a (1996).

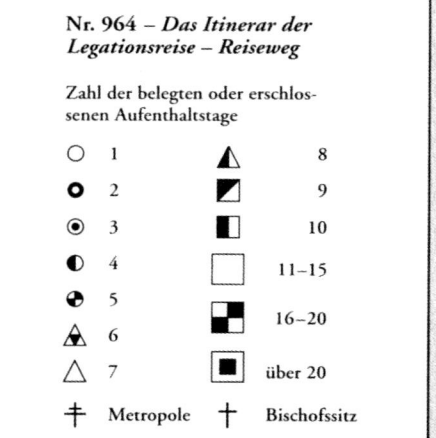

**Nr. 964 – *Das Itinerar der
Legationsreise – Reiseweg***

Zahl der belegten oder erschlos-
senen Aufenthaltstage

○	1	▲	8
◓	2	◩	9
◉	3	◪	10
◑	4	☐	11–15
◕	5	▣	16–20
◭	6	■	über 20
△	7		
☩	Metropole	†	Bischofssitz

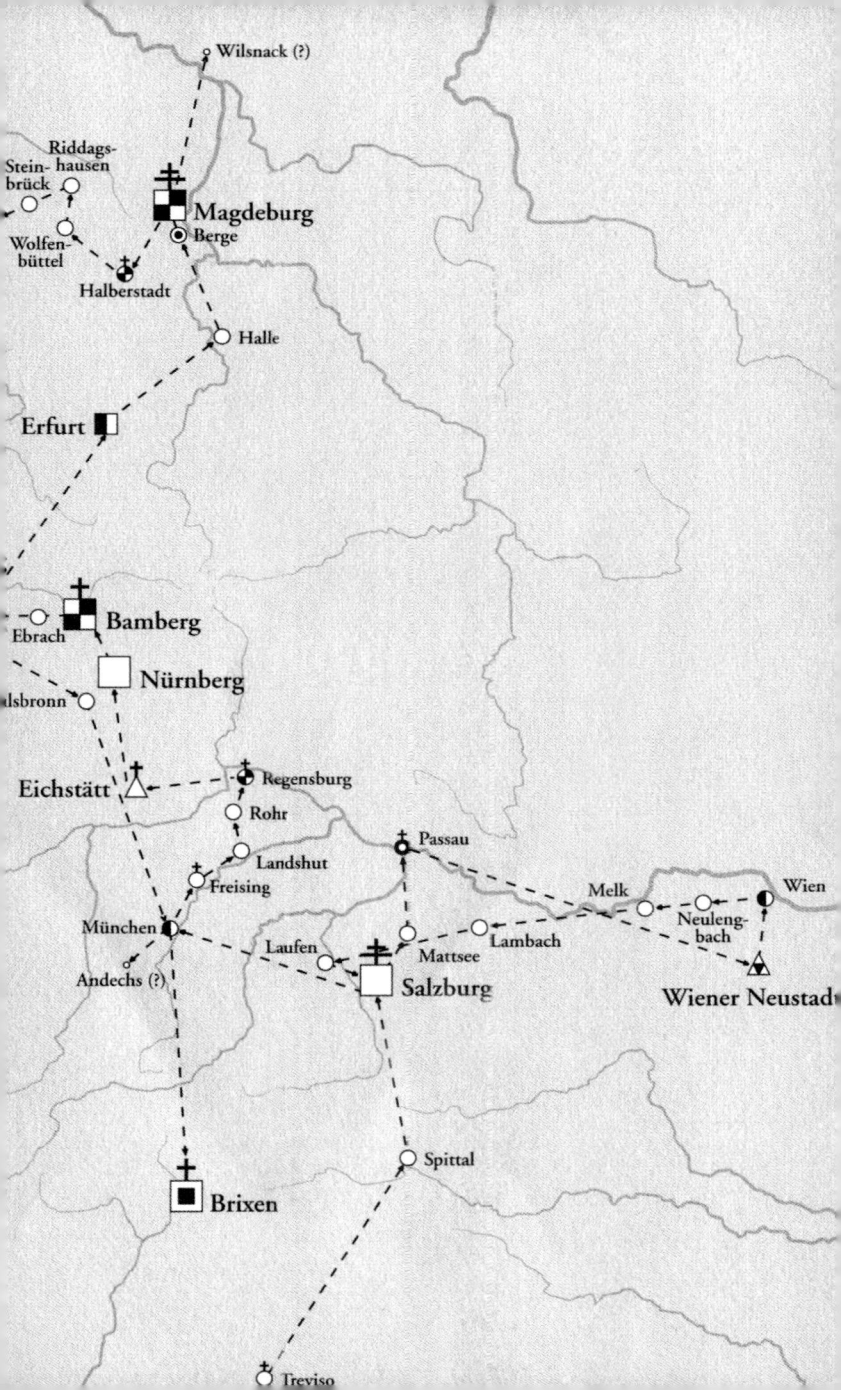

Kymeus 1538 herab. Nach seiner Erhebung zum Kardinal 1448, seiner Ernennung zum Bischof von Brixen und anschließenden Bischofsweihe im Frühjahr 1450 zu Rom durcheilte er als päpstlicher Legat von Januar 1451 bis Anfang April 1452 erneut die deutschen Lande, um allen, die anläßlich des Heiligen Jahres 1450 am Pilgerzug nach Rom verhindert waren, die Gnade des Jubiläumsablasses nun in Deutschland selbst zu verkünden.

Nur gut sechseinhalb Jahre hielt Nikolaus von Kues sich in seinem Bistum Brixen auf.

Der Holländer Frederik van Heilo, regulierter Chorherr aus der Windesheimer Kongregation, der dem Kardinal auf der Legationsreise in Haarlem begegnete, urteilt über ihn: Durch die Ausgeglichenheit und den Ernst seines Charakters, der auch in den ernsten und etwas scharfen Gesichtszügen zum Ausdruck kam, erweckte er große Ehrfurcht. Er war von hohem Wuchs und kräftiger Konstitution, größer war sein Geist. War er auch mit vielen natürlichen Gaben ausgestattet, vor allem mit einer hervorragenden Beredsamkeit, so zeichnete ihn doch vor allem die Lauterkeit seiner Gesinnung und die Liebe zur Reinheit des geistlichen Standes aus. Trotz seiner hohen Würde war er schlicht und leutselig. Sein Tagewerk begann er in aller Frühe mit Breviergebet und geistlicher Lesung. Dann ließ er sich die eingereichten Bittschriften vorlegen und traf seine Entscheidungen.

Das zwischen 1452 und 1456 in großartiger spätgotischer Architektur erbaute St. Nikolaus-Hospital in Kues das »33 Arme, ... nämlich abgearbeitete Greise von 50 Jahren und darüber«, aufnehmen sollte (Stiftungsurkunde vom 3. Dezember 1458).

Widerstand gegen seine kirchlichen Reformpläne und vor allem die Auseinandersetzung mit Herzog Sigismund von Österreich, der als Graf von Tirol zugleich Vogt des Hochstiftes Brixen war, machten ihm ein weiteres Verbleiben in seinem Bistum unmöglich, besonders nachdem Sigismund ihn durch die Belagerung seines Sommerdomizils Bruneck am 13. April 1460 zur Kapitulation gezwungen hatte. Am 11. August 1464 starb er in Todi, auf dem Weg zur päpstlichen Flotte in Ancona, die auf Drängen von Papst Pius II. zu einem Kreuzzug auslaufen sollte. Testamentarisch hatte er verfügt, daß sein Leichnam in der Kirche des von ihm gestifteten Armenhospitals zu Kues beizusetzen sei, falls er nördlich von Florenz stürbe; sollte der Tod ihn dagegen südlich von Florenz ereilen, wie es dann auch geschah, wollte er in der ihm anläßlich seiner Kardinalskreierung zugewiesenen römischen Titelkirche San Pietro in Vincoli, berühmt durch Michelangelos Moses, zur letzten Ruhe gebettet werden. Sein Herz wurde dagegen seinem Wunsch entsprechend vor dem Hochaltar der Kirche im St. Nikolaus-Hospital zu Kues beigesetzt.

Trotz seiner Jagd nach Pfründen und Ämtern in jungen Jahren wissen die Quellen von seiner bescheidenen Lebensführung zu berichten. Sie sprechen ihn vom Verdacht persönlicher Bereicherung frei. Für seine Familiaren sorgte er vorbildlich, und alles, was Gott ihm schenkte, brachte er zugunsten der Armen in seine Hospitalsstiftung zu Kues ein.

Der Metaphysiker

Nach Karl Jaspers ist Cusanus »in seinem Jahrhundert der einzige Philosoph von Rang«, und als »einer der ›ursprünglichen Metaphysiker‹« ist er »in der Kette der großen Metaphysiker… ein unersetzliches Glied«.

Die im Unterschied zur Hochscholastik von ihm gelehrte Gleichrangigkeit der Erde mit den himmlischen Gestirnen, die Preisgabe der Mittelpunkt-Stellung der Erde und die Beweglichkeit aller Gestirne einschließlich der Erde begründet er nicht mit naturwissenschaftlichen Beobachtungen und Experimenten, sondern mit metaphysischen Einsichten.

Da es auf dieser Welt nichts so Genaues gibt, das nicht noch genauer sein könnte, kann weder die Erde, wie bis dahin angenommen, noch die Sonne, wie Kopernikus später lehrte, der exakte Mittelpunkt des Universums sein. Das Universum ist mittelpunktlos. Es hat nur einen Mittelpunkt, nämlich Gott, den man natürlich nicht lokalisieren kann.

Codex Cusanus 212 enthält diese Darstellung eines Baumes mit Medaillonbildern, die die Sonne als König und sechs Planeten als ihre Diener darstellen.

Gott – jenseits der Gegensätze

Mit dem Namen »Gott« berühren wir das Thema, um welches das gesamte metaphysische Denken des Cusanus kreist. Gott ist für ihn der Grund aller Vollkommenheiten: des Seins, Lebens, Wollens, Liebens, des Schönen und Guten, aber zum Beispiel auch des Sehens, Hörens, Schmeckens, Riechens, Tastens, Empfindens sowie des verstandes- und vernunfthaften Erkennens. Diese Vollkommenheiten sind in Gott derart geeint, daß trotz ihrer Gegensätzlichkeit das Sehen in Gott nichts anderes als Hören, Schmecken, Riechen, Tasten, Empfinden und Erkennen ist. Jede Gott zugeschriebene Vollkommenheit ist von der anderen aussagbar. Die ganze Theologie ist daher kreisförmig angelegt, ein Gedanke, den er dem von ihm hochgeschätzten Spanier Raimundus Lullus (1232/33–1316) entnimmt. Ja, so formuliert Nikolaus von Kues, über Lullus hinausgehend, Gott ist der Ineinsfall der Gegensätze, richtiger noch, wie er seit 1450 betont, Gott ist jenseits des Ineinsfalls der Gegensätze zu denken.

Bei diesem Ineinsfall der Gegensätze denkt Cusanus gerade auch an den kontradiktorischen Gegensatz etwa von Sein und

Selbstbildnis des Rogier van der Weyden aus dem Brüsseler Rathaus zur
Veranschaulichung des Alles-Sehenden (Gottes). Anhand einer den
Mönchen von Tegernsee 1453 zugesandten Ikone Gottes, die den Be-
trachter immer anschaut, wo er sich auch befinden mag (Maltechnik des
15. Jhdts.), kann der Ineinsfall der Gegensätze anschaulich erfahren
werden. Bewegt sich der Betrachter, so folgt ihm das Auge Gottes; bleibt
er stehen, so ruht es auf ihm. Bewegen sich zwei Betrachter in der entge-
gengesetzten Richtung, so bewegt sich das göttliche Auge mit – zugleich
und in entgegengesetzten Richtungen. Erhalten ist dieses Selbstbildnis
in einer alten Gobelin-Kopie, die sich im Berner Museum befindet.

Nichtsein oder Bejahung und Verneinung. Wiederholt betont er, daß die ganze ihm vorausgehende Philosophie und Theologie den Ineinsfall gerade des kontradiktorischen Gegensatzes nicht gesehen habe, weil sie an dem nach ihrer Meinung für alles Sein und Denken gültigen aristotelischen Widerspruchsprinzip festgehalten habe. Dieses Prinzip gelte aber nur für den Operationsbereich des Verstandes (ratio), nicht mehr für den der Vernunft (intellectus). Vornehmlich anhand der Mathematik sucht Cusanus den Mitdenkenden an diesen Ineinsfall der Gegensätze heranzuführen, obwohl ihm die Grenzen dieser Wissenschaft bewußt bleiben. Denn sie ist das Werk des vom Widerspruchsprinzip beherrschten Verstandes, ihre Gebilde sind bloße Rätselbilder, und vor allem ist die mathematische Eins von dem göttlichen Einen als dem Thema der Philosophie zu unterscheiden. Jedoch »wir

Johannes Wenck von Herrenberg († 1460), Theologieprofessor, Rektor der Heidelberger Universität 1435, 1444 und 1451 und Verfasser der Gegenschrift »Von der unwissenden Bildung« zu Cusanus' Schrift »Von der belehrten Unwissenheit«, hält Nikolaus von Kues vor, daß er mit seiner Koinzidenzlehre »die Wurzeln der Wissenschaft ausreiße«. Er leugne damit schließlich den grundsätzlichen Unterschied von Gott und Welt und »kümmere sich wenig um die Aussagen des Aristoteles«.

33

Gregor von Heimburg
(† 1472), *scharfer
Gegner des Nikolaus
von Kues, wirft ihm
vor:* »Du glaubst, mit
Deinem mathemati-
schen Aberglauben die
heiligen Inhalte der
wahren Religion zu
beweisen«.

besitzen nichts Sicheres in unserem Wissen als unsere Mathematik, und diese ist ein Rätselbild, um die Werke Gottes zu erjagen«, schreibt er. Sind die mathematischen Figuren auch endlich, so können wir nach Betrachtung ihrer Eigenschaften und Verhältnisse diese Verhältnisse doch auf gleichartige unendliche Figuren übertragen.

Auf den ersten »Überstieg« etwa von der endlichen zur unendlichen Linie muß aber dann noch ein zweiter »Überstieg« von der unendlichen Linie zum unendlichen Gott hin erfolgen, der für den im mathematischen Bereich tätigen Verstand nicht mehr zugänglich ist. Können wir dann aber Gott überhaupt noch erkennen, wenn er jenseits des Ineinsfalls der Gegensätze zu denken ist, unser Denken sich aber notwendigerweise in Gegensätzen bewegen muß? Zusätzlich urgiert Cusanus, daß das gänzlich Unbekannte auch nicht erstrebt werden könne.

Paolo dal Pozzo Toscanelli († 1482) ist nur vier Jahre älter als Cusanus. Dieser lernt den berühmten Mathematiker und Astronomen in Padua kennen und schließt mit ihm lebenslange Freundschaft. Toscanelli übersandte ihm 1443 die von Ambrogio Traversari angefertigte Übersetzung der »Mystischen Theologie« des Dionysius Pseudo-Areopagita. Cusanus widmet ihm sein Werk »De transmutationibus geometricis« (Von den geometrischen Umwandlungen) und läßt ihn 1457 als Gesprächspartner in seinem »Dialogus de circuli quadratura« auftreten. Toscanelli eilt zu dem im Juni 1461 lebensgefährlich erkrankten Cusanus nach Rom und steht dem Sterbenden im August 1464 als ärztlicher Freund zur Seite. – Toscanelli wies bereits 1474 auf die Möglichkeit hin, China-Indien auf dem Seeweg nach Westen zu erreichen.

Wie können wir Gott erfassen?

Nikolaus von Kues ist allen selbstvorgebrachten Einwänden zum Trotz der Auffassung, daß der Mensch nach nichts mehr strebe als danach, das Wissen über Gott zu erlangen: »Wenn wir also nicht zum Wissen Gottes, mit dem er die Welt erschuf, vordringen, kommt unser Geist nicht zur Ruhe… Und dieses Wissen ist die Kenntnis des Wortes Gottes, weil das Wort Gottes Begriff seiner selbst und des Universums ist. Wer nämlich zu diesem Begriff nicht vordringt, wird weder das Wissen Gottes berühren noch sich selbst erkennen. Denn das Verursachte kann sich nicht erkennen, wenn die Ursache unbekannt ist«.

Der für die Erforschung der Sinnen- und, an diese gebunden, mathematischen Welt bestimmte Verstand erfährt eine Ergänzung durch das ihm übergeordnete Vernunftvermögen. Dieses vermag zwar Gott auch nicht zu begreifen, schon gar nicht zu beweisen, aber auf eine alles Begreifen übersteigende Weise zu suchen (incomprehensibiliter inquirere). In zweifacher Form ist dies möglich. Cusanus geht einmal davon aus, daß wir Menschen von Natur aus einen Vorgeschmack (praegustatio) von der mit Gott identischen Weisheit haben. Kein Geschöpf kann in dem Maß an Gott teilhaben, wie dieser in sich selbst ist. Sonst wäre es ein zweiter Gott, etwas in sich Widersprüchliches. Aber alles, was Gott schafft, ist eine Ausfaltung (explicatio) dessen, was in ihm eingefaltet (complicatum) ist. Der menschliche Geist ist Ausfaltung sogar im Sinne eines Abbildes Gottes. Es gibt daher nichts in dieser Welt, was nicht im Sinne eines Abbildes oder einer Ausfaltung irgendwie eine Ähnlichkeit mit Gott hat. Da Gott alles in Weisheit geschaffen hat, kann die Weisheit auch in allem Geschaffenen gefunden werden. Den Weg, den unser Vorgeschmack von der Weisheit zurücklegen muß, um diese selbst schmecken zu können, erläutert Cusanus am Gleichnis vom Magneten und Eisen:

Das Eisen hat im Magneten sozusagen den Grund seines Ausströmens. Ist der Magnet in der Nähe des Eisens, so erregt er dieses schwere und gewichtvolle Eisenstück zwar, das Eisenstück selber wird jedoch aufgrund einer wunderbaren Sehnsucht, entgegen seiner natürlichen Gravitation, nach oben bewegt, um sich mit seinem Grund zu vereinigen. Voraussetzung für diese wunderbare Sehnsucht des Eisens nach seinem Grund, dem Magneten, ist, wenn man so sagen darf, ein gewisser natürlicher Vorgeschmack vom Magneten, denn sonst würde das Eisenstück nicht mehr zum Magneten als zu jedem anderen beliebigen Stein bewegt werden. Wäre auf der anderen Seite im Magnetstein nicht eine größere Hinneigung zum Eisenstück als etwa zum Kupfer, so gäbe es jene Anziehung von seiten des Magnetsteins nicht.

Im grundsätzlich selben Verhältnis zueinander stehen der Vorgeschmack von der

PARABOLE

SALOMONIS
FILII. DAVID. REGIS
ISRAHEL. AD.SCIENDAM.
SAPIENTIAM. Et disciph
NAm.' AD iNTELLIGENDA
uerba prudentie. & suscipiendā
eruditionē doctrine iusticiā &
iudiciū & equitate 'ut detur par
uulis astutia. adolescenti scientia &
intellectus: Audiens sapiens sapienti
or erit '& intelligens. gubernacula pos
sidebit. Animaduertite parabolam &
interpretatione. 'uerba sapientiū & enig
mata coℏ' Timor dñi principiū sapien

Codex Cusanus 8, erst später für die Hospitalsbibliothek erworben,
zeigt auf Blatt 218 unter der mit reicher Ornamentik ausgefüllten
Initiale P die Gestalt der Weisheit.

38

Codex Cusanus 218, Blatt 1: Erste Seite der am 12. Februar 1440 in Kues vollendeten programmatischen Schrift »Von der belehrten Unwissenheit« (De docta ignorantia). Dieser Codex ist um die Mitte des 15. Jahrhunderts vielleicht von Peter Wymar von Erkelenz, dem Sekretär des Cusanus, angefertigt worden.

39

göttlichen Weisheit im Menschen und die göttliche Weisheit selber.

Der andere, hier ebenfalls nur anzudeutende Weg geht davon aus, daß »Gott größer ist, als er begriffen werden kann«. »Wie kann ich mir dann einen Begriff von Gott bilden?«, fragt im Dialog »Von der Weisheit« ein ›Redner‹ den ›Laien‹ (idiota). »So wie von einem Begriff«, antwortet der Laie und fährt fort: »Du hast gehört, wie in jedem Begriff der Unbegreifbare begriffen wird. Jeder Begriff über den Begriff kommt daher an den Unbegreifbaren heran«. Der Redner fragt weiter: »Wie soll ich mir dann einen genaueren Begriff machen?« Antwort des Laien: »Suche die Genauigkeit (praecisio) zu begreifen. Denn Gott ist die absolute Genauigkeit«. Die Ausführungen des Laien laufen darauf hinaus, offenbar zu machen, daß jede Frage über Gott das Gefragte bereits voraussetze, da Gott in jeder Bezeichnung von Begriffen (mit)bezeichnet werde, obwohl er an sich unbezeichenbar sei.

Trotz der Aufforderung, sich von Gott einen Begriff zu machen, bleibt Gott für Cusanus unbegreifbar. Wir können ihn, erklärt er, nur als »das Unberührbare auf unberührbare Weise berühren«. Trotz des Vorgeschmackes von der göttlichen Weisheit,

Die Schlußworte von De docta ignorantia im Codex Cusanus 218, Blatt 42: Complevi in Cusa 1440 XIIa februarii. (Ich habe [sie] in Cues am 12. Februar 1440 vollendet.)

trotz des in jeder Fragestellung nach Gott vorausgesetzten Wissens über Ihn wissen wir bloß, was Er nicht ist, nicht aber, was Er ist. Dieser Grundsatz der »negativen Theologie« gilt auch für die Erkenntnis der innerweltlichen Dinge. Nur die mathematischen Gegebenheiten und unsere Artefakten begreifen wir, da unser Geist ihr Schöpfer ist. Ansonsten verbleibt unsere ganze Erkenntnis im Bereich der »Mutmaßung« (coniectura), die zwar eine positive Behauptung darstellt, aber an der Wahrheit nicht in ihrer Reinheit, sondern nur abbildhaft und das heißt, bloß in Annäherungswerten partizipiert. Das ist nicht Resignation, erst recht nicht Skeptizismus, sondern Einsicht in den geschöpflichen Status des Menschen, welchem die belehrte Unwissenheit angemessen ist.

Dieser ist nichtsdestoweniger das Gott am nächsten kommende Abbild, ein »vermenschlichter Gott« (deus humanatus), ja aufgrund seiner Vernunft und insbesondere seiner Freiheit sogar »gleichsam ein anderer Gott«, wie Cusanus sagt.

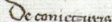

Erste Seite der Schrift »De coniecturis« (Über die Mutmaßungen) von 1440–1443 (Codex Cusanus 218), die die Mutmaßung definiert als eine »positive Behauptung, die an der Wahrheit, wie sie an sich ist, [nur] in Andersheit teilhat«.

Links: »Astrolabium«. Astronomisches, aus Messing bestehendes Instrument zum Ausmessen der Sonnen- und Sternenhöhe: auf ihm sind die Kreise der Himmelskugel in ebener Fläche dargestellt. Rechts: »Torquetum«. Astronomisches Gerät, welches die tägliche Bewegung des Äquators in der Sonnenbahn darstellt.

Himmelskugel aus Holz. Nikolaus von Kues erwarb diese drei astronomischen Geräte 1444 in Nürnberg anläßlich des dort stattfindenden Reichstages. Es handelt sich um wertvolle astronomische Geräte, die aus dem Besitz des böhmischen Königshauses stammten; cf. A. Krchňák, Die Herkunft der astronomischen Handschriften und Instrumente des Nikolaus von Kues, in: Mitteilungen und Forschungsbeiträge der Cusanus-Gesellschaft, III (1963), 109-180.

Der Theologe
Nikolaus von Kues

Während die Cusanus-Renaissance in der ersten Hälfte unseres Jahrhunderts vornehmlich den Philosophen Nikolaus herausarbeitete, hat zu Beginn der zweiten Hälfte unseres Jahrhunderts vor allem Rudolf Haubst auf den nicht minder bedeutungsvollen Theologen Nikolaus hingewiesen. Neben seinen ausgesprochen theologischen Werken hat er uns nahezu dreihundert Predigten hinterlassen. Charakteristisch für den Theologen Nikolaus ist nun, daß er sein theologisches Denken weder gegenüber der Philosophie noch diese gegenüber der Theologie abschottet. Dennoch läßt sich fast immer erkennen, wo Cusanus auf philosophischer Grundlage operiert, und wo er sich auf die Offenbarung stützt. Das dritte Buch aus der Schrift »Von der belehrten Unwissenheit« ist Christus und seiner Kirche gewidmet. Es versucht, rein philosophisch der Frage nachzugehen, ob nicht außer Gott, dem »absoluten Größten«, und dem Universum, dem

»eingeschränkten Größten«, noch ein Mittleres zu denken sei, das sowohl absolut als auch eingeschränkt Größtes sei. Mehr als dies zu postulieren vermag die Vernunft allerdings nicht. Die endgültige Antwort gibt der Glaube mit dem Hinweis auf den Gottmenschen Jesus Christus. Schon früh kündigt sich in dieser cusanischen Überlegung das an, was die Theologen heute gern als »Christologie von unten« bezeichnen. Karl Rahner hat dies mit seiner Forderung, »Christologie als sich selbst transzendierende Anthropologie und diese als defiziente Christologie zu betreiben«, auf den Punkt gebracht.

Von Christus führt der Weg zum trinitarischen Gott. Zwar schöpft Cusanus diesen Gottesgedanken aus der Bibel, aber einmal von dieser inspiriert, versucht er nun, zahllose Spuren dieses trinitarischen Gottes in der Schöpfung aufzuzeigen. In allen wirklichen Dingen findet sich zum Beispiel die Dreiheit von Möglichkeit, Wirklichkeit und der Verbindung beider Momente.

Cusanus auf dem über dem Hochaltar der Hospitalskirche angebrachten Flügelbild, das er von einer niederländischen Malerschule anfertigen ließ. Rechts neben ihm sein Bruder Johannes, Pfarrer von Bernkastel und Mitstifter des Armen-Hospitals.

Die vor meinem Hause blühende Rose ist möglich; sonst gäbe es sie nicht. Sie ist aber auch wirklich, wie mich der Augenschein überzeugt. Jedoch Möglichkeit und Wirklichkeit müssen miteinander verknüpft sein, damit sie eine blühende Rose ist. Ist unter dem Impuls der Bibel die trinitarische Struktur alles Geschaffenen aufzudecken, dann vermag diese trinitarische Struktur des Geschaffenen nun umgekehrt auch ein wenig zur Erhellung des trinitarischen Gottesgedankens beizutragen. Cusanus veranschaulicht dies in einer Glosse aus dem Jahre 1453/54 an der Liebe: »Merke, die Liebe eint. Und je größer und vollkommener sie ist, um so mehr eint sie. Die Wesenheit der vollkommensten Liebe, die nicht vollkommener zu sein vermag, ist daher notwendigerweise am meisten eine... Ohne *Lieben* freilich kann die vollkommenste Liebe nicht verstanden werden: *Lieben* jedoch, wie vermag es ganz vollkommen zu sein ohne *Liebenden* und *Geliebten*. Ich erblicke daher in der Einheit, die Liebe genannt wird, die *liebende Liebe*, die *geliebte Liebe* und die Liebe, die das *Lieben* beider ist und aus beiden hervorgeht. Gott aber ist Liebe (caritas seu amor), und es kann keine drei ›Lieben‹ (caritates) geben. Die Vielheit widerspricht nämlich der Natur der

Liebe. Noch kann die Liebe wahr und vollkommen sein, wenn sie in ihrer Wesenheit nicht den *Liebenden*, den *Geliebter* und das *Lieben* beider eint. Anderenfalls wäre sie nämlich der Natur und der Vollkommenheit und der einenden Einheit entleert und tot, sie wäre eher nichts als Liebe«. Auf diese Weise nimmt Cusanus den Leser gewissermaßen an die Hand – manuduktorisch nennt er diese Methode –, um ihn an das Geheimnis des dreieinigen Gottes heranzuführen.

Die erste rubucke ader cap

Nikolaus von Kues, der Ökumeniker

Spuren des trinitarischen Gottes in der Schöpfung sichtbar werden zu lassen wie

Zu den Anregern des cusanischen Denkens gehört der Katalane Rai-mundus Lullus († 1316), von dessen Werken Nikolaus von Kues acht Handschriften besaß. Das Bild zeigt von Codex Cusanus 83 einen Aus-schnitt aus Lulls figürlicher Darstellung der »Philosophie der Liebe«, die in Gestalt einer Frau ihm ein Buch überreicht.

In der Schrift »Vom Frieden im Glauben« von 1453 argumentiert Cusanus gegenüber dem Inder so: »In dem einen Universum findet man die Ungleichheit der Teile… Die Ungleichheit aber fällt von der Gleichheit der Einheit ab. Vor jeder Ungleichheit ist daher die ewige Gleichheit. In dem einen Universum findet sich die Unterscheidung oder Trennung von Teilen. Vor aller Unterscheidung ist aber die Verknüpfung von Einheit und Gleichheit. Von ihr fällt die Trennung oder Unterscheidung ab. Die Verknüpfung ist also ewig. Es kann jedoch nicht mehrere Ewige geben… So ist der völlig einfache Ursprung des Universums ein einigdreier«.

auch umgekehrt von der trinitarisch gedeuteten Schöpfung her den trinitarischen Gott selber zu verstehen suchen, das ist zugleich einer der cusanischen Programmpunkte für das Gespräch mit den nichtchristlichen Religionen, für Cusanus insbesondere mit dem Islam, dem Judentum, aber auch mit der Religion der Inder und Tataren.

Er hat dies in dem wenige Monate nach der Eroberung Konstantinopels 1453 entstandenen fiktiven Dialog »Vom Frieden im Glauben« unternommen. Nicht die Macht des Schwertes ist anzuwenden, auch nicht, modern gesprochen, irgendeine Form der Indoktrination, sondern jene »Handleitung«, die den Gläubigen der anderen Religionen zeigt, wie ihre eigene Religion im Grunde genommen die großen christlichen Wahrheiten voraussetzt. Es kann daher nur darum gehen, das, was jene implizit, unbewußt verehren, ihnen manifest, offenkundig zu machen. Dies ist das cusanische Präsuppositionsprinzip.

Das große ökumenische Anliegen einer Einheit, nicht Gleichheit, aller Religionen: »eine Religion in der Verschiedenheit der Riten« heißt die von ihm dafür geschaffene Formel, treibt schon den jungen Nikolaus

Die Polytheisten will Cusanus so zum Einen Gott hinführen: »Alle, die jemals mehrere Götter verehrten, setzten dabei voraus, daß es die Gottheit gibt. Diese nämlich beten sie an in all den Göttern als denjenigen, die an derselben teilhaben. Wie es nämlich ohne die Weiße die weißen Dinge nicht gibt, so gibt es auch ohne die Gottheit keine Götter. Die Verehrung von Göttern ist (zugleich) ein Bekenntnis zur Gottheit. Und wer mehrere Götter annimmt, behauptet (zugleich), daß es einen Ursprung gibt, der allen vorausgeht; ähnlich wie der, welcher sagt, daß es mehrere Heilige gibt, den Heiligen der Heiligen zugibt, durch dessen Teilhabe alle anderen heilig sind. Niemals war irgendein Volk so töricht, daß es an mehrere Götter geglaubt hätte, von denen jeder der erste Grund, Ursprung oder Schöpfer des Universums gewesen wäre«.– Leitend für diese cusanische Überlegung ist der Grundsatz: Vielheit setzt absolute Einheit voraus.

auf dem Basler Konzil um, ohne daß er deshalb zum »Ireniker aus Schicksal« (T. Borsche) würde.

Erste Seite der Schrift »De pace fidei« (Vom Frieden im Glauben) von 1453 (Codex Cusanus 219), aus welcher der Text S. 53 stammt.

Fuit ex hiis que apud Constantinopolim proxi
me seuissime acta per turkorum regem diuulg
abantur · quidam uir zelo dei accensus quiloca
illarum regionum aliqn uiderat · ut pluribus ge
mitibus oraret omm creatore q persecucoem · que ob diu
sum ritu religionu plus solito seuit sua pietate moder
aret Accidit ut post dies aliquot · forte ex diuturna conti
nuata meditacoe · uisio quedam eidem zeloso manfestaret
ex qua elicuit · qd paucorum sapientum omm talium diuersitatu
que in religionibus per orbem obseruantur peritia polle
tiu · una posse facilem quandam concordanciam reperiri
ac per eam in religione ppetua patem conuenienti ac ue
raci medio constitui · Unde ut hec uisio ad noticiam corum qui
hiis maximis psunt aliqn deuenirt · ea quantu memoria p
sentabat plane subt constripsit · Raptus est em ad quan
dam intellectualem altitudine · ubi quasi inter eos qui ui
ta excesserint exame · huiusce rei in consilio excelsorum
psidenti cutipotenti ita habitu est Aiebat em rex celi
terre · ad eu de regno huis mudi tristes nuncios · gemitus
oppressorum attulisse · ob religione plerosq̃ · in muicem arm
a mouere · et sua potentia homines · aut ad inegacoem diu
obseruate secte cogere · aut mortem inferre · suscitq̃ plu
rimi harum lamentacionu ex uniuersa terra geruli · qs
rex in pleno storu cetu appone mandauit Videbant auo
omnes illi quasi noti celitehs · a rege ipo uniuersi abmisio
sup singulas mudi puincias et Peritas constituti · No em
habitu ut homines · sed intellectuales uirtutes coparie
bant · Dicebat em princeps unius omm talium misserorum uic
hant smaz Dñe rex uniuersitatis · quid habet omm cre
atura quod ei no dedisti Ex limo terre placuit corpus
homs formatu spiritu conali per te inspirari · ut in eo re
luceat meffabilis uirtutis tue ymago · multiplicatus est
ex uno populus multus qui occupat aride supficiem · et
qˀus spus ille intellectualis seminatus in terra absortus
umbria · no uideat luce et ortus sui inicium tu in conresti
eidem ea oia · per que excitatus admiracoe corum q sensu
attingit · possit aliqn ad te omm creatorem oculos mentis
attollere · et tibi caritate suma reunini · et sic clemu ador

Nikolaus von Kues
als Kirchenmann

Nicht weniger sorgt Cusanus sich um die innere Reform der Kirche, wobei er Reform nicht im Sinne eines Umbruchs, sondern in der Weise einer Rückbesinnung auf Ursprünge versteht. In dem mit den Hussiten Böhmens schwelenden Streit über die Kommunion unter beiderlei Gestalten versucht er zu vermitteln. Dem Basler Konzil präsentiert er 1433 in seiner Schrift »Von der allumfassenden Eintracht« einen großangelegten Plan zur äußeren und inneren Reform der Kirche und des Reiches. Zu den Salzburger Provinzialstatuten fertigt er einen bedeutsamen Entwurf an, und in seinen letzten Lebensjahren zu Rom sitzt er erneut an einer Reformschrift für die ganze Kirche mit dem Titel »Allgemeine Umgestaltung« (Reformatio generalis), die u. a. für die Kirchenleitung ein »beständiges kleines Konzil« fordert, das sich aus den Kardinälen zusammensetzen soll. Höchst erwähnenswert ist ferner sein persönlicher seelsorglicher Einsatz. Im Unterschied zu

Die Hl.-Geist-Kapelle bei Prettau im Ahrntal (Südtirol).

vielen bischöflichen Amtsbrüdern übt er
das Predigtamt selber aus, wie es die gut
170 uns erhalten gebliebenen Predigtent-
würfe aus der Brixener Zeit dokumentie-
ren. Die Bitte der Bauern aus dem äußer-
sten Ahrntal, wenig unterhalb des Passes
über die Krimmeler Tauern, eine zu Ehren
des Hl. Geistes erbaute Kapelle einzuwei-
hen, delegiert er nicht, sondern erfüllt sie
selbst, indem er den beschwerlichen Weg
von Bruneck nach Prettau auf dem Pferde
zurücklegt.

Nikolaus von Kues
als Reichsfürst

Stieß er schon als Bischof in manchen Klöstern, besonders in dem von der Äbtissin Verena von Stuben geführten adligen Benediktinerinnenkloster Sonnenburg und im Brixener Klarissenkonvent, auf erbitterten Widerstand, so noch mehr als Reichsfürst in dem ihm anvertrauten Hochstift Brixen. Seine wirtschaftspolitischen Erfolge, etwa die Sanierung der Staatsfinanzen und die intensive Förderung des Bergbaues, dürfen nicht geschmälert werden, aber das politische Ziel, die dem Hochstift im Verlaufe der Jahre verlorengegangenen Territorien wieder zurückzuerwerben, erreichte er nicht. Letztlich scheiterte er an Herzog Sigismund. Dabei darf die ganz ungünstige Ausgangslage des Kardinals nicht übersehen werden. Wider den Willen des Domkapitels, des Landesfürsten und auch des Kaisers Friedrich III. wird er Bischof und damit Landesherr. Wie ein Menetekel bedroht dies eine erfolgreiche Arbeit. Hinzu kommen seine mangelnde Flexibilität, eine ungebührliche Strenge, häufige Verhängung kanonischer Strafen, die damit ihre Wirkung verfehlten. »Eine freie Kirche ohne weltliche Macht konnte er sich – noch nicht – vorstellen, so daß ein merkwürdiger Kontrast zu Visionen in seinem Erstlingswerk ›Von der allgemeinen Eintracht‹ ins Auge fällt«, urteilt Hermann Josef Hallauer, der beste Kenner von Cusanus' Brixener Zeit. Mißerfolge bei den Reformbemühungen und sein Scheitern bei der Bewahrung bzw. den Wiedergewinnungsversuchen des zum Bistum gehörenden weltlichen Besitzes vermögen jedoch weder seine erzielten Erfolge noch seine überragende geistige Größe zu verdecken, wenngleich sie den Blick auf seine historische Bedingtheit freigeben.

Herzog Sigismund von Tirol.

Äbtissin Verena von Stuben.

Codex Cusanus 44 mit den Werken des Dionys us, hergestellt im 15. Jahrhundert, gehört zu den Prachtexemplaren der Bibliothek des Nikolaus zu Kues.

Quellen und Nachwirkung

Zu den Quellen

Da kein noch so genialer Denker sein Werk im luftleeren Raum vollbringt, stellt sich die Frage, aus welchen Quellen Cusanus geschöpft hat. Diese sind vorwiegend die platonisch-neuplatonische Philosophie, d. h. gemäß dieser Denkrichtung und seiner christlichen Herkunft die platonisch-neuplatonisch beeinflußten christlichen Philosophen und Theologen. Natürlich kennt und benutzt er viele Werke des Aristoteles sowie des Thomas von Aquin und anderer Scholastiker, aber Namen wie Platon, Proklos († 485), Augustinus, vor allem Dionysios Pseudo-Areopagita (um 500), für ihn Höhepunkt der antiken Denkentwicklung, Boethius († 524), Eriugena († ca. 877), Bonaventura, Albert der Große, Raimundus Lullus († 1316), Johannes Gerson († 1429), Heymericus de Campo († 1460) und Meister Eckhart († 1328) dominieren in seinem Denken. Nicht unerwähnt bleiben dürfen der platonisch-neuplatonische Denkstrom der Schule von Chartres (12. Jhdt.) und die neuplatonisch eingefärbte Philosophie der arabischen Philosophen. Eigentümlich für dieses Denken ist die Rückführung des Vielen auf ein Eines und ganz Einfaches, dementsprechend die »quälende Frage« (quaestio vexata), wie aus dem ganz Einfachen das Viele überhaupt entstehen könne.

Zur Wirkungsgeschichte

Dieser reichhaltigen Kenntnis der Tradition seinerseits steht jedoch, soweit die bisherige Forschung etwa in den Arbeiten von Norbert Herold (1980), Raymond Klibansky (1984), Hans Gerhard Senger (1987) und Stephan Meier-Oeser (1989) erkennen läßt, eine eher bescheidene Nachwirkung seines eigenen Werkes gegenüber. Zwischen 1488 und 1565 wird in vier bzw. fünf Drucken der größte

Teil seiner Schriften aufgelegt. Zu seinen Lebzeiten bilden sich auch Freundeskreise, etwa in Italien, in der Benediktinerabtei Tegernsee, in Magdeburg, Nürnberg und Erfurt. Die deutschen Humanisten halten das Andenken an Nikolaus von Kues hoch. Cusanisches Denken beeinflußt auch Männer wie Comenius († 1670) aus Mähren und Bovillus († 1553) in Frankreich. Bei Descartes und Mersenne († 1648) lassen sich Bezugnahmen zu ihm nachweisen. Der einflußreiche Pierre Bayle († 1706) bedenkt ihn eher mit Ironie, weil er bloß die cusanische Schrift »Mutmaßung über die letzten Tage«, die allerdings einen großen Bekanntheitsgrad erlangte, kennt. In Italien lassen sich cusanische Anklänge oder Gedanken bei Leonardo da Vinci († 1519) und Marsilio Ficino († 1499) belegen; Pico della Mirandola († 1494) möchte nach Deutschland gehen, um die Bibliothek des Cusanus zu sehen. Der Humanist Reuchlin († 1522) nennt Cusanus 1496 auf einer Fahrt nach Kues ebendort »den weisen Erzpriester, der vor 54 Jahren hier zu uns gesprochen hat«. Kopernikus verfügt über direkte Kenntnis der cusanischen Schriften, gerade auch des für die Kosmologie relevanten zweiten Buches aus der »Belehrten Unwissenheit«, bei Kepler über-

Bildnis des Marsilio Ficino. Er ist Gründer der Platonischen Akademie zu Florenz, Humanist und christlicher Denker der Renaissance.

wiegen in diesem Punkt wohl die kritischen Absetzungen oder falschen Zuschreibungen. Die Reformatoren einschließlich Martin Luther stehen Nikolaus von Kues kritisch bis ablehnend gegenüber, interessieren sich jedoch für seine kirchenreformerischen Schriften wie etwa die »Von der allumfassenden Eintracht«. Im Gefolge des Trienter Konzils erscheint diese Schrift sogar auf dem Venediger Index von 1576.

Eigenartig verläuft die Rezeptionsgeschichte des Nikolaus von Kues in Deutschland. Leibniz († 1716) kennt ihn, ediert sogar einen seiner Böhmenbriefe, macht aber insgesamt keinen philosophischen Gebrauch von ihm. Johann Georg Hamann († 1788) wird über Giordano Bruno mit der Koinzidenzlehre des Cusanus vertraut. Dieser 1600 auf dem Scheiterhaufen zu Rom verbrannte Dominikanermönch schöpft reichlich aus Cusanus, freilich meistens, ohne ihn zu nennen. Hegel kennt Hamann, aber beide und auch Schelling schreiben das Grundprinzip der Koinzidenz dem Bruno zu. Auch Goethe

Friedrich Schlegel schreibt 1807 seinem Bruder: »Auch las und blätterte ich in Nikolaus Cusanus… Ein Philosoph in dem Sinne, daß Leibniz und solche ganz flach und seicht dagegen scheinen. Mirandola und Reuchlin haben beide aus ihm geschöpft, so erregend ist er wohl nicht als diese, aber wie der Grundstein vom festesten gründlichsten Tiefsinn. Für unser ›Mittelalter‹ ist er mir zu dunkel, und mit seinem sehr einfachen classischen, aber halb geheimnisvoll selbst gebildeten Latein zu unübersetzbar«.

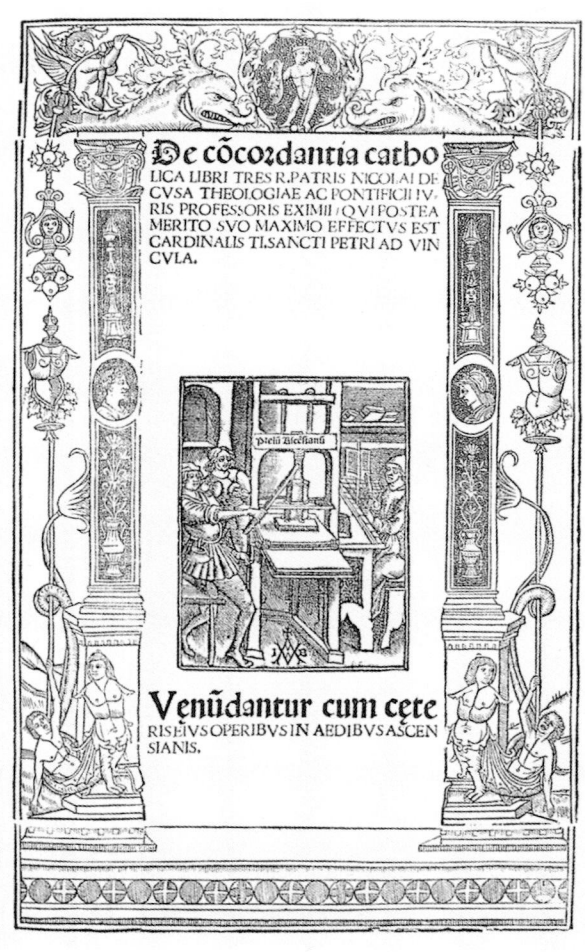

Titelblatt der Schrift »Von der allumfassenden Eintracht« im Pariser
Druck der cusanischen Schriften von 1514.

beschäftigt sich mit Bruno, Nikolaus von Kues bleibt ihm jedoch unbekannt. Schließlich berichtet Friedrich Schlegel († 1829) von der Lektüre einer Cusanus-Ausgabe.

Günstiger sieht dagegen die Wirkungsgeschichte von Cusanus' Schrift »Vom Frieden im Glauben« aus dem Jahre 1453 aus. Der Italiener Petrus Leonius, genannt Pierleoni von Spoleto († 1492), ist damit vertraut, die Schrift ist in England, vielleicht sogar Thomas Morus († 1535), bekannt. Die erste Übersetzung ins Deutsche erschien in Form einer Flugschrift 1643, mitten im Dreißigjährigen Krieg. Johannes Salomo Semler († 1791) bringt 1774 eine ausführliche, aber leider sehr flache Zusammenfassung dieses Dialogs. Erst mit Lessing († 1781) beginnt

Johannes Salomo Semler zu diesem Werk: »Es ist ... eine Fiktion. Diese Fiktion ist ihrem Inhalt nach allerdings sehr merkwürdig, enthält auch unleugbar viel Wahres, obgleich manche sehr bald es Indifferentismum und Synkretismum nennen werden. Wenn mehrere Papisten solche Einsichten gehabt hätten, würde gewiß mehr leibliche Wohlfahrt unter den Menschen statt gefunden haben, welche unter der scheinbaren Absicht, der Seelen Heil wenigstens zu schaffen, auch leibliche Not und Verfolgung, ohne alle Menschlichkeit unter den Christen gar nicht geachtet worden«.

seine Entdeckung. Lessing plante, angeregt durch eine Rohübersetzung des Braunschweiger Gymnasialprofessors Konrad Arnold Schmid, eine Herausgabe und Kommentierung der Schrift. Schmid gibt Lessing für die vorgesehene Feinübersetzung folgenden Rat: »Dieser (Nikolaus von Kues) ist nicht von außen herum anzubeißen, sondern zu verschlingen« (Non circumrodendus, sed devorandus est). Leider verhinderte Lessings Tod die Ausführung.

Im 19./20. Jahrhundert hat der Marburger Neukantianismus, zunächst unter der Führung von Hermann Cohen († 1918), dann von Ernst Cassirer († 1945), aufgrund des eigenen erkenntnis- und wissenschaftstheoretischen Interesses sich intensiv, wenngleich einseitig, mit Cusanus befaßt. Für Cohen »wird (er) nicht nur zum ersten deutschen großen Philosophen, sondern zum Begründer der deutschen Philosophie«. 1920 legt Edmond Vansteenberghe seine großartige Cusanus-Biographie vor, und 1927 übernimmt die Heidelberger Akademie der Wissenschaften die Aufgabe einer kritischen Gesamtausgabe der cusanischen Werke einschließlich sämtlicher greifbaren Akten.

Was den Kirchenreformer und -politiker Nikolaus von Kues anbelangt, so kann man immerhin darauf verweisen, daß das 1448 unter seiner Federführung in Wien abgeschlossene Konkordat, das die Beziehungen zwischen dem Heiligen Römischen Reich und der römischen Kurie regelte, bis 1803 Bestand hatte. In einzelnen Klöstern, wie zum Beispiel in Neustift bei Brixen, waren die cusanischen Reformstatuten bis in unser Jahrhundert in Geltung. Trotz vieler Mißerfolge und seiner erst nach fast 500 Jahren erfolgten eigentlichen Entdeckung steht vor uns ein Mann, der nicht nur Bahnbrechendes geleistet hat, sondern uns auch heute noch vielfach Wegweiser sein kann.

Das Grabmal in S. Pietro in Vincoli zu Rom, der Titelkirche des Nikolaus von Kues.

Hauptwerke des Cusanus: De concordantia catholica (1433); De docta ignorantia (1440); De coniecturis (1443); Idiota de Sapientia – De mente – De staticis experimentis (1450); De pace fidei (1453); De visione Dei (1453); De non aliud (1461/62); De venatione sapientiae (1462); Sermones (1430–1463).

Aktensammlung: Acta Cusana, hg. v. E. Meuthen u. H. Hallauer, Bd. I 1, 1976 (1401–17. Mai 1437), Bd. I 2, 1983 (17. Mai 1437 – 31. Dezember 1450) Bde. I 3a u. 3b, 1996 (Januar 1451 – März 1452).

Bedeutsame Sekundärliteratur: J. Koch, Acht Aufsätze in: Ders., Kleine Schriften I (Rom 1973); E. Meuthen, Nikolaus von Kues. 1401–1464. Skizze einer Biographie (Münster [1]1964, [7]1992); J. Stallmach, Ineinsfall der Gegensätze und Weisheit des Nichtwissens (Münster 1989); R. Haubst, Streifzüge in die cusanische Theologie (Münster 1991); St. Meier-Oeser, Die Präsenz des Vergessenen. Zur Rezeption der Philosophie des Nicolaus Cusanus vom 15. bis zum 18. Jahrhundert (Münster 1989). Wichtigstes Publikationsorgan: Mitteilungen und Forschungsbeiträge der Cusanus-Gesellschaft, Bde. 1–25 (1961–1999).

Bildnachweis

Alle Fotos wurden vom Bildarchiv des Landesmedienzentrums Rheinland-Pfalz und vom St.-Nikolaus-Hospital in Kues (Foto: Erich Gutberlet) zur Verfügung gestellt.